ERRANCES

ERRANCES

PHOTOGRAPHIES
HÉLÈNE DESPLECHIN

TEXTES
HANS LIMON

JFE
JACQUES FLAMENT EDITIONS

ISBN : 978-2-36336-319-0

Dépôt légal : 2er trimestre 2017

44, rue principale, 08380 LA-NEUVILLE-AUX-JOÛTES
www.jacquesflamenteditions.com

ERRANCES

Existe-t-il un *punctum* artistique, point d'intersection entre deux univers poétiques, celui d'un auteur dramatique et celui d'une photographe, créant une troisième œuvre, photo-littéraire ? Et la photo-littérature est-elle un genre, une tentative, une gageure, une simple tentation ? Hélène Desplechin, photographe à Madrid et Hans Limon, écrivain et professeur de philosophie et de théâtre à Arras, ne se sont jamais *vus*. Du moins, jamais directement. Ils ne se connaissent qu'à travers les mots de l'un et le regard de l'autre. Des itinéraires aux antipodes, mais reliés par un goût commun pour l'errance. Ce point de contact entre leurs univers est apparu discrètement, presque insensiblement, au fil des échanges, l'une s'apercevant qu'elle pouvait créer des images à partir des mots de l'autre, et cet autre imprégnant peu à peu son écriture des images lunaires de l'une. Aucun n'a cherché à exprimer ce que l'autre voulait signifier, personne n'a voulu imposer sa vision ni sa conception. Il s'est trouvé un endroit où les deux réunis, image et mot, ont créé autre chose que la simple expression de chacun d'eux, pris séparément. Une image prolongée. Un texte animé. Autre chose... Cette autre chose est l'*objet* même de cet ouvrage. Quelques histoires que l'image et le texte racontent, mais ne peuvent exprimer à eux seuls. Cette autre chose, c'est une intériorité trouble, une quête de sens, le cheminement spirituel d'une femme, d'un homme, dans leur solitude, leur for intérieur, leur *être-au-monde*. Un appel au voyage qui n'aurait ni port d'attache ni destination précise. Alors, il y a des routes, des virages, des personnages en marche, qui titubent, qui fendent les profondeurs, qui s'arrêtent... et qui, parfois, quelque part, se croisent, cherchent dans la même direction. Deux regards qui se rencontrent, à un instant donné. Deux chemins, chassés-croisés du hasard : deux itinérances.

JEANNE-VALÉRIE HELD, DRAMATURGE

fenêtre sur jour

tache de cuir sur la vitre entrouverte
l'œil émaillé de vitrée découverte
deuil balbutié sur les bouches offertes
le soleil de juillet touche à sa perte
les pavés rient la superposition
d'un tutti bétonné sans concession
les alluvions prolongent la scansion
sous un éclair zébré de reddition

du front las dégoutte l'humeur mêlée
sombre et diaphane agonie révélée
que cherche donc cet être écartelé ?
de son image abattre le reflet

le poids nié

le tapis vert supplie les solitudes
froissées
aux mains tendues les contretemps sont rudes
glacés
de rompre le silence et l'inquiétude
lassée
le séraphin s'acharne à l'habitude
forcée

cartes sur table à repasser
d'un bras de fer sec et livide
l'honneur se pique de doigter
la chambre est vide
les jeux sont faits

asile

double fenêtre à pic où l'esprit songe et fuit
croix de lumière au creux du ventre de la nuit
là crépite et médit la douleur d'aujourd'hui
sous un capuchon grave emmailloté de bruits

la pierre à la pensée s'agrège
la mer vrombit ses doux arpèges
et sur un banc de regret siège
la méditation sacrilège

vague

pardessus par-deçà les garde-fous
d'écume blanche à l'ombre des jaloux
tourmente amère aux pieds du promontoire
d'où l'âme ailée boit les flots du regard

le roc se dresse à fleur de vagues
Borée blessé brandit sa dague
sans jamais atteindre un instant
le songe offert à l'heur des temps

l'arche

s'enivre de brisées l'arche des bois
main d'osier prétendue de vous à moi
trépied noueux des spectres telluriques
égrenant les visions allégoriques

les rameaux de paix capitale
lutinent l'orbe qui s'emballe
et glissent vers les yeux du ciel
tout embrasés de Tour Eiffel

prière

des mains enlacées des beaux amoureux
jaillit la prière adorée des dieux
ravis de voir deux corps au désarroi
se toucher l'âme par le bout des doigts

dans la douceur des jeux de paumes
agglomérant les chromosomes
s'élance au monde rembruni
l'hybride oublié des unis

délivrés

à l'angle des jours gris
quelques bouquins cornés
s'empilent et brillent

couvertures des songes
inavouables

mille et une vies
typographiées
déposées
sur le bord de la table

épopées chimériques
amours alambiquées
sociologies typiques
des discours critiqués

visions d'évasions
évocations vacantes
où le doigt guide l'œil

au fil ténu de la pente

point à la ligne
et s'ébattent les cygnes
aux lacs des strophes
et voltigent les grappes
au gré des vignes

à l'angle des jours sombres
quelques pages froissées
s'enroulent et vrillent

feuilles de vie
caractères de feu

semeurs de pensées colorées

livres de chair
puits de clarté

volumineux

conte

la dive satinée murmure à l'imprévu
quelque comptine usée bégayant la bévue
la cloison tend l'oreille au souffle de lumière
avisant les murs blancs d'un ancestral mystère

le ciel frise de joie
il était une fois

caresse

à fleur de peau la main lascive
distille à flots d'âcres missives
cœur de saison dévalisé
sous l'oraison des alizés
par chaud dimanche de val masqué
languit la branche aux embusqués

divine

je sautille
sur les blonds grains de sable
aspiole des airs à
demi-nue

je tends aux flots aimables
ma langue de terre
en demi-lune
entraperçue

attrape-moi
si tu peux
tu ne trouveras
que terre entre tes vœux

brune incendiaire
pour demi-dieux
je suis la fille
des mers
tombée des cieux

racine tarée

loin très loin sur le monticule
un amas lourd de tentacules
gémit le long du matricule
d'un séquoia bien ridicule

mollusque résineux
doux brusque et désireux
pieuvre de bois noué
poulpe froid Dieu soit loué

possédé(e)

ventre fendu, chantre tendu
épilepsie noircie du corps rompu
la fièvre flanche et se déhanche
psalmodie des soupirs étanches

et si mentait la religieuse
encapsulée d'ire fangeuse
il se jouerait pourtant
quelque sonnet d'antan

épicentre fourbu
chair d'abîme vendu
schizophrénie rassise à cœur têtu

la marche

un jour de trop, le long des arches
il marche
loin des panneaux, des patriarches
il marche

fantôme de fantoche
les deux mains dans les poches
il puise
il passe
il pioche
il marche

avant l'aube
à vau-l'eau
sous la voûte
en déroute
hors de prison
vers l'horizon

que voit-il sous ses pas ?
son exil ? son trépas ?
que foulent ses semelles ?
un peu de terre ? un bout de ciel ?

jusqu'à l'extinction des questions

il marche

éléments

foulées sur parapet
chuchotements de paix
torrent d'ivres atomes
hachant les hématomes

voyage dissipé
halètements dupés
courant de libres gnomes
tachant les larges dômes

et du fond des nuées monochromes
surgit le pèlerin des palindromes

l'homme

grâce

vide alunissant de l'introspection
rite apaisant de la méditation
retour sur soi de la conscience en déshérence
sourds entrelacs d'une cadence en mal d'absence

l'ombre décapitée s'habille de prières
et de l'obscurité surgit l'Ange Lumière

trace

grain de sable épanché
sur la grève étanchée
l'humain rumine et rêve
et s'agite sans trêve
au fil des vents contraires
dans les pas de ses pères
vif ou par contumace
il imprime sa trace
et l'ordre de l'histoire
n'est qu'un sombre miroir
où le bruit de ses pas
résonne comme un glas

rencontre

mon âme raturée
sillonne à l’encre
d’échine
mon armature
à ma chair amarrée

j’écris sur mes os pâles
pour vous toucher
du dedans
sans posture
sans tricher

tactilographie

nourricière

il faut qu'on éviscère
ma vie serrée
rendez-moi les mots doux
pour vous dire l'émotion
rendez-vous sur les champs
d'où jaillit la potion

je saurai vous nourrir
de l'hiver allaité

je suis mère fertile

bel endormi

il se repose à l'ombre des jeunes vrilles en fleurs
il voit le soleil par les pores de sa peau
il s'étend sous le ciel qui l'attend
il boit le sommeil sur le bord d'un chapeau

il sait tant
mais ignore

qu'il est beau

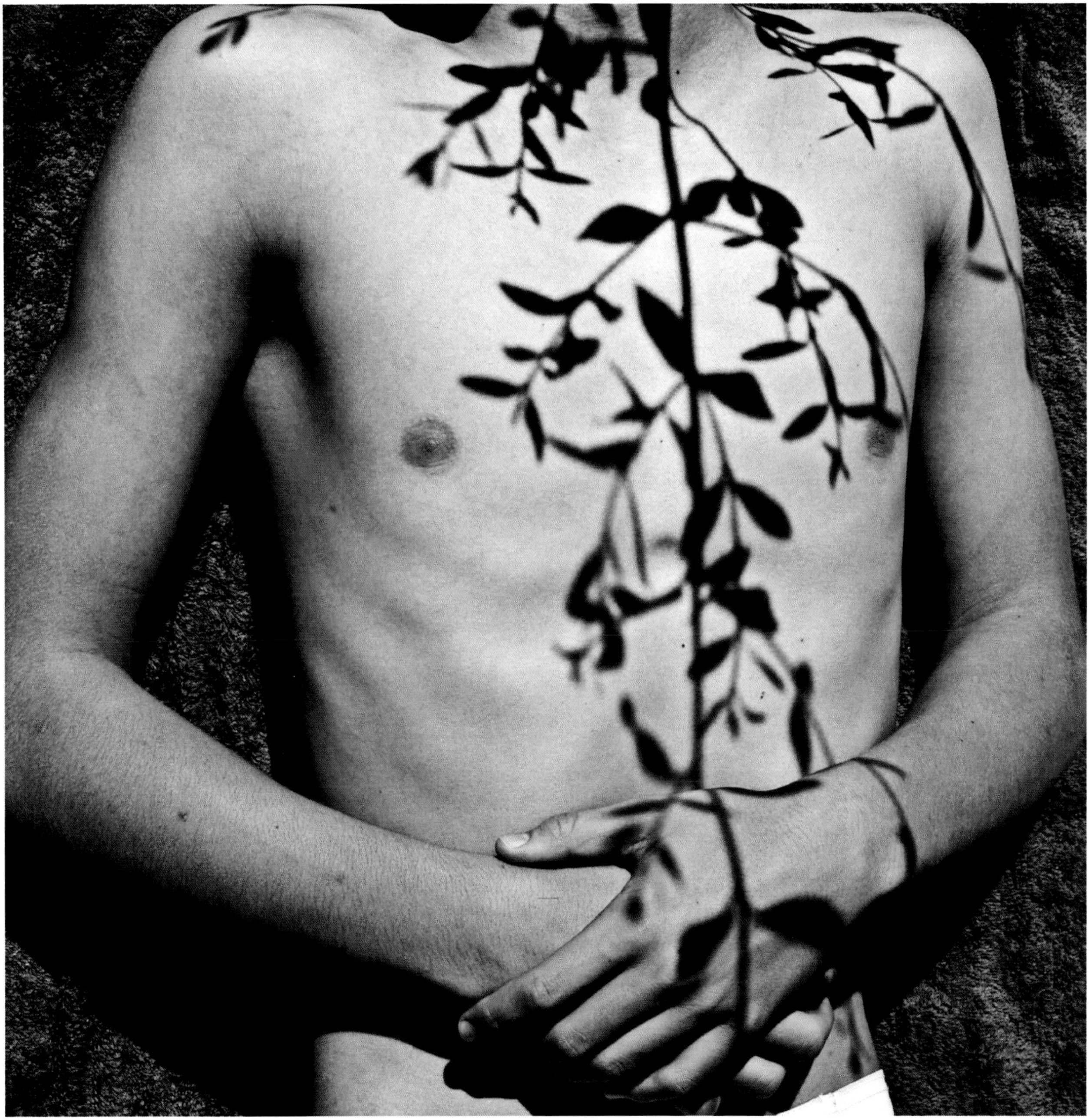

brasse

si l'on glissait à cœur perdu
sur l'écume des jours

si l'on plongeait
à corps rompu
jusqu'au fond des amours

pourrait-on se noyer d'amertume
et dormir tout le jour ?

ou Pluton voudrait-il sous l'enclume
nous fondre un dernier tour ?

horizontale

vient le temps décomplexé
comme élargi
des plaisirs allongés
sur les taies d'oreiller
alanguies

les membres se délassent
au fil des joies qui passent
et ronflent de soupirs
lorsque l'envie se lasse
des lyres

à tout prendre
il faudrait s'offrir

à tout rompre
il faudrait s'ouvrir

hélas

par-dessus l'épaule

négligé n'est pas méprisé
je tourne le dos à ta convenance
à ma guise
si tu me veux
prends patience
et temporise
ma douleur muette murmure
à maux couverts
mon innocence conquise
à trop attendre l'élan s'épuise
il est vrai
mais à trop se tendre
le joug se brise

prise de vue

dans la chambre blanche
à demi-sobre
tu ne sais
ne devines de moi
qu'un voile de hanche
un peu d'opprobre
à mon corps défendant

vois mon chéri
vois cette lucarne
ouverte et moite
au fil de mes fesses
que caresse mon flanc
privé de ta rudesse

vois mon chéri
vois ce menu bout de sein
qu'étouffe le corsage
et que bercent mes reins
vois cette boucle cendrée
siffler ton pal pubien

viens mon chéri
que sous ton objectif
s'effeuillent mes clichés
que ton scénario fou
malmène ta starlette
arrachée des affiches

et qu'à ton cou mes cuisses
t'épuisent de plongées

tout contre mes sévices
chef-d'œuvre mensonger

genèse

blanche de neige
sur fond de néant natal

les artères si noueuses
rougissent
la matière si joueuse
à fleur d'abysses

mystère opulent
du baise-main sobre et lent
des grèges éternels
aux destins déferlants

aux ritournelles
jusqu'à demain
dans cent mille ans

à la dérobée

le gras bitume s'allume
d'apparitions posthumes

les grilles s'écartent
s'émeuvent
s'inclinent

le soupirail des temps
s'ouvre et se referme
sur le chemin
des lumineux
défunts

pâleur des lampadaires
graffitis ébahis
feux follets de passage

nuages volages
sur le corps sage
à claire-voie
de la sombre dame du soir
échappée des sous-bois
sauvages

sifflement des profondeurs émues

les deux mains dans les poches
elle s'en va puis repasse
la disparue si proche

choix

quel sentier prendre
au carrefour du hasard ?
quel détour emprunter
sous les oiseaux bavards ?

la forêt perforée s'abandonne à l'air libre
la volonté domptée chantonne et vibre

un tapis de feuilles mortes
supporte les orgueils
à queues-de-pie

les indécis cheminent
tout droits

tant pis

végétal

à la barbe des vents
dansent les rameaux torses
entrelacs affligeants
résidus d'ornements
pour garnements retors

c'est qu'il en faut du temps
pour déployer gaiement
les râbles chauds d'écorce
et tout le tremblement

bientôt les jeunes pousses
tout frétillants de mousse
iront jouer les géants
sous les gouffres béants

l'arbre tragique

D'où sort ce brun sylvain
qui souhaitait voyager,
ce radeau médusé,
mystérieux abrégé
de la dextre divine effleurant les sommets,
ce miracle de bois,
ce fût mal arrimé
foulant de ses doigts secs
les sables émouvants
dans la pâle éclaircie du fier soleil levant ?
Est-il fleur ou gibet ?
Marguerite ou potence ?
Dévot déraciné ?
Rameau de pénitence ?

aux branches

que murmurent les flous
arbres penchés sur le
voyageur silencieux ?
un cantique des cantiques ?
une leçon de verdeur ?
un miasme de viatique ?
un souvenir de candeur ?
rien moins que cela
ils soupirent
« Aime »
et se pâment doucement
nervures d'aurore

conversion

Asmodée tricéphale
obsession capitale
filasse de tignasse
au fil de l'or qui trace

et je bois le péché dans tes boucles perlées

chérubin séditieux
basilic ambitieux
puits de grises vapeurs
cloaque de stupeur

et j'ouïs la damnation loin des prudes missions

attache à mon blanc sexe
un nouveau testament
d'où les désirs complexes
émergeront gaiement

et je serai l'apôtre au seuil du firmament

lécher le sein des Saints
déçoit : l'Absolu ment

soir d'empoigne

grave accent tué
sous un poing

à la ligne brisée
de vie comprimée

s'impriment
phalanges et tendons

crispation de fer
au velours imagé

capturer le vent
déchirer le souffle versatile

d'un revers digital
ou juron tactile

insulte à l'invisible
irréparable outrage

en paume tapis

étrange étreinte
que celle qui broie du noir
et chatouille
le grand Rien

à bras-le-corps

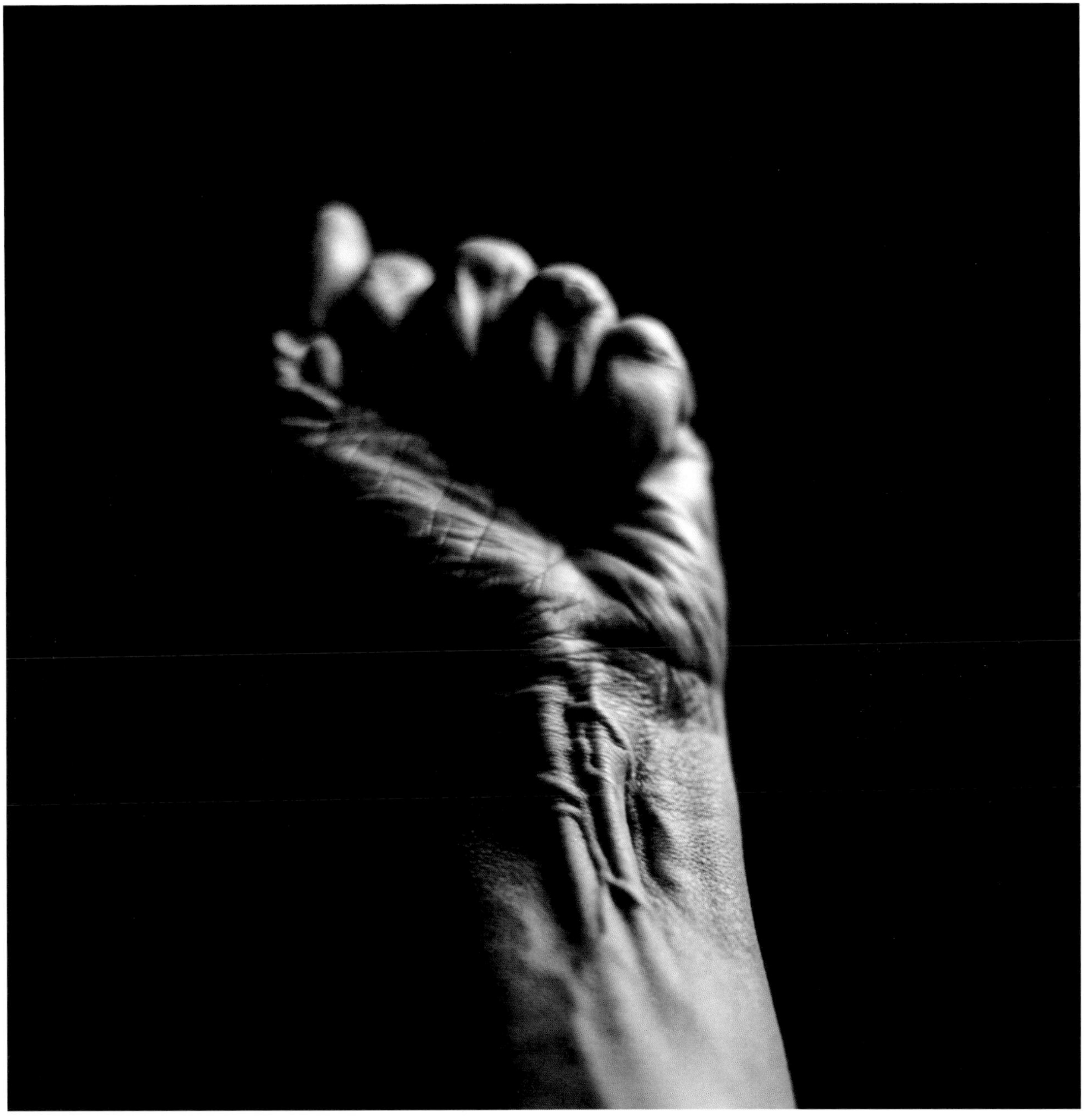

mauvaise herbe

j'aspire au nonchaloir des rayons
diffractés
je respire un peu d'Apollon
poli
fleur d'été
pensez-vous
j'ai surpris Diane
pécheresse
dans les fourrés
ce matin
mais
il me reste
au creux des hanches
un peu de Bacchus
éméché

ce mâtin
je me couche
à l'aube qui se lève
sachez-le
je puise la sève
du bout des seins
j'ai sur vos rêves
un droit divin
puis
je soupire
en disques d'or
mon soyeux
baratin
croyez-le

sibylline

en clair-obscur
à demi dévoilée

des jeux fanés
à contre-jour

Pythie figée
sur le papier
velours
ta robe de cheveux
répand l'amour
à tous les vœux

Dame blanche
argentique
au charme
asymétrique
les ténèbres t'épousent
à l'ombre des cyniques

ton œil convexe
de morne lynx
imprime au pâle index
un peu d'audace
un brin perplexe

à ton chevet
sur tes genoux
s'accoude
un instant bu
jusqu'à la lie

plutonesque majesté
plût à l'Enfer
de nous offrir
ton visage où s'enferre
la trame des plaisirs
à regrets délestés

Perséphone entre vues
mon cœur à nu perd pied

empaumés

nonobstant
s'en allèrent
mains tenant
loin d'hier
vêtements
verts de terre
corps vivants
partenaires
partageant
souffle et sphères
soulevant
bées chimères
d'outre-temps
doux mystère
haletant
éphémère
mai disant
nue prière

Achevé d'imprimer
en juin 2017
par **BNC publications**,
Bernay, France.